P9-DEI-942

HISTORIA GRÁFICA

EL VIAJE DEL Mayflower

por Allison Lassieur
ilustrado por Peter McDonnell

Consultor:
Walter W. Woodward
Profesor Asistente de Historia
University of Connecticut, Hartford

Mankato, Minnesota

Graphic Library is published by Capstone Press,
151 Good Counsel Drive, P.O. Box 669, Mankato, Minnesota 56002.
www.capstonepress.com

Printed in the United States of America

1 2 3 4 5 6 11 10 09 08 07 06

Library of Congress Cataloging-in-Publication Data
Lassieur, Allison.
[Voyage of the Mayflower. Spanish]
El viaje del Mayflower/por Allison Lassieur; ilustrado por Peter McDonnell.
p. cm.—(Graphic library. Historia gráfica)
Includes bibliographical references and index.
ISBN–13: 978–0–7368–6613–2 (hardcover : alk. paper)
ISBN–10: 0–7368–6613–2 (hardcover : alk. paper)
ISBN–13: 978–0–7368–9681–8 (softcover : alk. paper)
ISBN–10: 0–7368–9681–3 (softcover : alk. paper)
1. Mayflower (Ship)—Juvenile literature. 2. Pilgrims (New Plymouth Colony)—Juvenile literature. 3. Massachusetts—History—New Plymouth, 1620–1691—Juvenile literature. I. McDonnell, Peter. II. Title. III. Series.
F68.L3718 2007
974.4'8202—dc22 2006046210

Summary: In graphic novel format, tells the story of the colonists who traveled to North America in 1620 on the Mayflower, their reasons for coming, and how they started Plymouth Colony, in Spanish.

Art and Editorial Direction
Jason Knudson and Blake A. Hoena

Editor
Rebecca Glaser

Designer
Jason Knudson

Translation
Mayte Millares and Lexiteria.com

Nota del editor: Los diálogos con fondo amarillo indican citas textuales de fuentes fundamentales. Las citas textuales de dichas fuentes han sido traducidas a partir del inglés.

Direct quotations appear on the following pages:
Page 7 (both), from *Of Plymouth Plantation* by William Bradford (New York: Alfred Knopf, 1952.)
Page 11, letter from John Robinson to congregation, printed in *Of Plymouth Plantation* by William Bradford (New York: Alfred Knopf, 1952.)
Page 13, letter from Robert Cushman, printed in *Of Plymouth Plantation* by William Bradford (New York: Alfred Knopf, 1952.)
Page 23, from *Of Plymouth Plantation* by William Bradford (New York: Alfred Knopf, 1952.)

Tabla de contenidos

Capítulo 1
Planes para una nueva vida 4

Capítulo 2
Un comienzo turbulento 8

Capítulo 3
El viaje abordo del Mayflower . . . 14

Capítulo 4
El Nuevo Mundo 22

Más sobre El Mayflower 28
Glosario 30
Sitios de Internet 30
Leer más 31
Bibliografía 31
Índice 32

CAPÍTULO 1

Planes para una nueva vida

A principios de los años 1600, Inglaterra tenía una iglesia oficial. Si uno no pertenecía a la Iglesia de Inglaterra, estaba infringiendo la ley. Algunos grupos querían practicar sus creencias en secreto y se arriesgaban a ser arrestados. Uno de estos grupos era los Separatistas. Ellos querían seguir la palabra de Dios simplemente, sin reglas adicionales establecidas por la Iglesia de Inglaterra.

Para 1609, 125 miembros de un grupo Separatista había huido a Leiden, Holanda. El pastor John Robinson dirigía la congregación.
Agradecemos a Dios que podemos venerar libremente aquí.
El trabajo aquí en Holanda es muy difícil.
Podríamos obtener mejores trabajos si hubiésemos nacido aquí.
Después de aproximadamente 12 años, la vida de los Separatistas en Leiden no había mejorado.
Nuestra familia permanece en la pobreza, no importa lo mucho que trabajemos.
Nuestros hijos ahora hablan más holandés que inglés.

Los separatistas hablaban acerca de salir de Holanda. A muchos en el grupo, incluyendo a John Carver, les agradaba la idea.
Podemos controlar nuestras propias vidas en una tierra nueva.
Pero John, ¿cómo vamos a sustentar a nuestras familias?
Viviremos de la tierra.
Los líderes Separatistas como el Elder William Bradford también querían irse.
Elder Bradford, creo que deberíamos quedarnos. Aquí es seguro.
Aquí NO es seguro. Holanda quizá entre en guerra con España muy pronto.

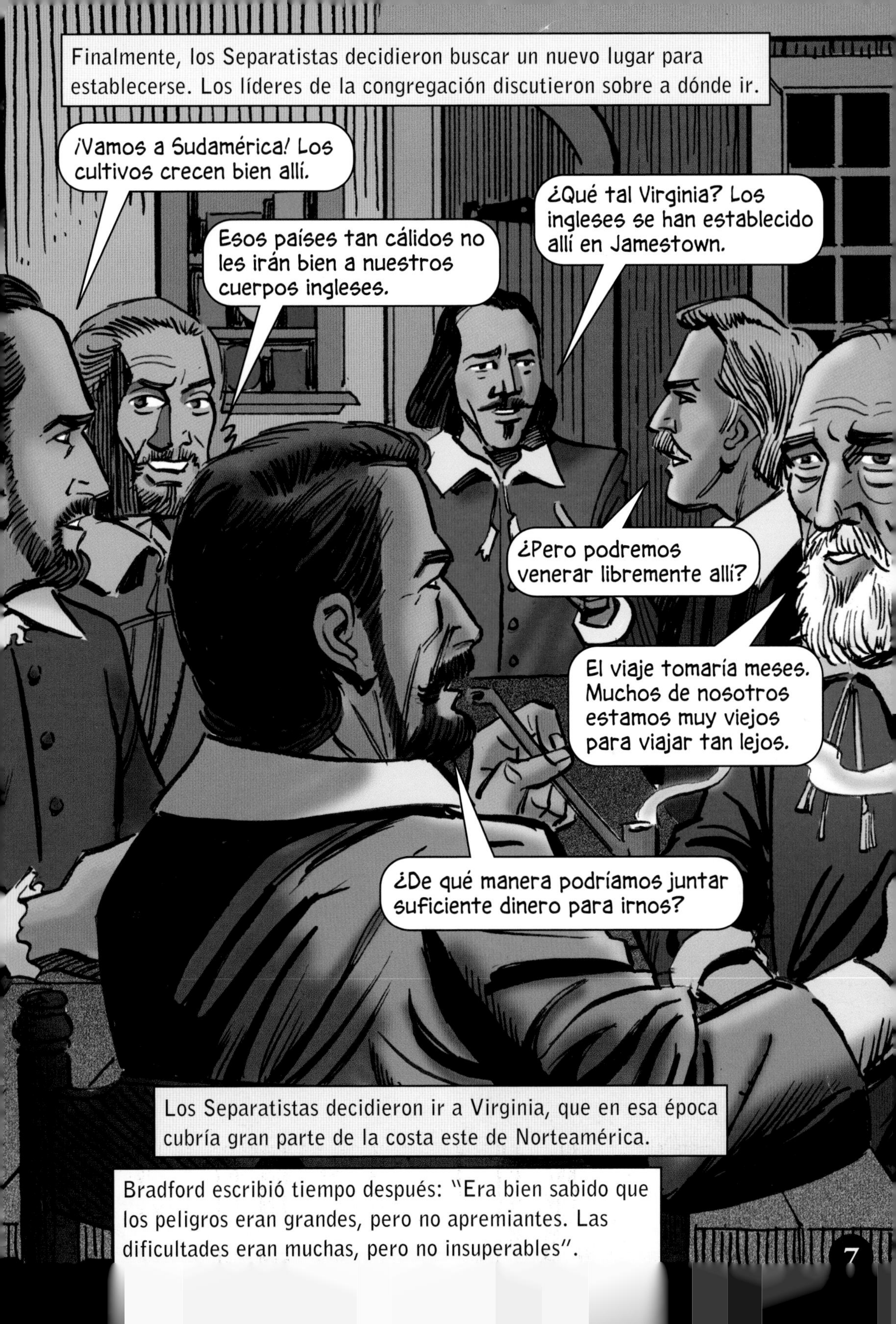
Finalmente, los Separatistas decidieron buscar un nuevo lugar para establecerse. Los líderes de la congregación discutieron sobre a dónde ir.
¡Vamos a Sudamérica! Los cultivos crecen bien allí.
Esos países tan cálidos no les irán bien a nuestros cuerpos ingleses.
¿Qué tal Virginia? Los ingleses se han establecido allí en Jamestown.
¿Pero podremos venerar libremente allí?
El viaje tomaría meses. Muchos de nosotros estamos muy viejos para viajar tan lejos.
¿De qué manera podríamos juntar suficiente dinero para irnos?
Los Separatistas decidieron ir a Virginia, que en esa época cubría gran parte de la costa este de Norteamérica.
Bradford escribió tiempo después: "Era bien sabido que los peligros eran grandes, pero no apremiantes. Las dificultades eran muchas, pero no insuperables".

Un comienzo turbulento

Los Separatistas no podían pagar por sí mismos el viaje. En Londres, John Carver y otro Separatista, Robert Cushman, hicieron un trato con un hombre de negocios, Thomas Weston.

Los Separatistas compraron un barco en Holanda.
El Speedwell es un buen barco y es resistente. Estos marineros viajarán con ustedes.
¡No quiero ir en este peligroso viaje!
Gracias, capitán.
Weston tendrá otro barco, el Mayflower, que nos encontrará en Inglaterra. Tomaremos ambos barcos a Virginia.
Weston quería asegurarse de que el viaje fuera exitoso, para así no perder dinero. En Inglaterra, buscó más pasajeros. Los Separatistas llamaban a estas personas "los Extraños".
Stephen Hopkins, ¿irá al Nuevo Mundo?
Yo no soy Separatista, pero Virginia suena como un lugar de oportunidades.

William Brewster era un "elder" en la iglesia Leiden. Debido a que su pastor no iba, Brewster se convirtió en el líder del grupo que viajaría. Brewster y su familia se prepararon para zarpar.
¡Cómo deseo ver el barco!
Mami, ¿por qué nos vamos?
Para poder venerar con libertad y tener una vida mejor, hijo.
Mientras que algunas familias estaban emocionadas por partir, otras personas, como la esposa de Bradford, estaban preocupadas de tener que viajar tan lejos.
¿Cómo vamos a sobrevivir en una tierra tan lejos de casa?
Todo estará bien, Dorothy.
Mientras las familias empacaban, Cushman y Carver compraban provisiones.
Estos alimentos deberían ser suficientes para el viaje de tres meses.

El 22 de julio de 1620, aproximadamente 50 de los Separatistas de Leiden, abordaron el Speedwell y zarparon hacia Southampton, Inglaterra. Cuando llegaron, Weston estaba allí furioso con el Mayflower.
¡Gastaron más de lo debido! ¡Me deben dinero!
¡Pero no puede cambiar nuestro contrato!
¡Si no pueden pagar, cancelaré el viaje!
Tenemos mantequilla adicional en el barco. Podemos vender unas cuatro mil libras.
Conforme realizaban los últimos preparativos para abandonar Inglaterra, Carver leyó una carta de su pastor en voz alta.
Mis oraciones diarias al Señor son para que los guíe y los proteja en su camino. Que Él les acompañe, y confíen en Él.

El 5 de agosto de 1620, los dos barcos zarparon hacia Virginia. Unos pocos días después...
¡El Speedwell tiene una fuga! Debemos regresar a Inglaterra para repararlo.
El Speedwell fue reparado, pero poco después empezó a tener más fugas de nuevo. Ambos barcos regresaron a Inglaterra una segunda vez.
¿Encontraron las fugas?
No, Capitán, no encontramos nada.
Pero Capitán, el Speedwell no
lo suficientemente resistente para realizar el viaje.
Después se descubrió que los marineros sabotearon el barco para no tener que ir en el largo viaje.

Mientras esperaban a que el Speedwell fuera reparado, Cushman escribió una carta a un amigo en Leiden.
Nuestro barco no deja de filtrar agua, de no ser así ya estaríamos a medio camino de Virginia. Nuestra comida se habrá reducido a la mitad, creo, antes de que salgamos de la costa de Inglaterra.
El grupo decidió zarpar sólo en el Mayflower. Pero no era lo suficientemente grande para todos. Algunas personas se tuvieron que quedar.
Mandaremos por ustedes en cuanto podamos.
¡Hasta luego!
Después de todo, ¡estoy contenta de no ir!

CAPÍTULO 3
El viaje abordo del Mayflower

Tras varias semanas de retraso, el Mayflower zarpó bajo buenas condiciones climatológicas el 6 de septiembre de 1620. De los 102 pasajeros, menos de la mitad eran Separatistas. Los demás habían abordado por diferentes razones.
¡Fíjate por donde andas!
El Capitán Christopher Jones y su tripulación habían sido contratados para navegar el barco. Su intención no era establecerse en Virginia.

¿Cómo te imaginas que será la vida en el Nuevo Mundo?
Trabajo muy duro, ¡pero imagínate toda la tierra!
Dieciocho personas a bordo del Mayflower eran sirvientes. Eran llevados para ayudar a despejar la tierra y construir casas en el Nuevo Mundo.
Miles Standish fue contratado para dirigir el ejército de la nueva colonia.
Stephen Hopkins era un Extraño de Inglaterra. Viajaba junto con su esposa embarazada, Elizabeth y sus tres hijos.

El Mayflower era un barco de carga, no de pasajeros. No tenía cocinas. La gente cocinaba su comida sobre cajas con arena en donde podían hacer pequeñas fogatas.
¿Qué hay de cenar, mamá?
Estoy cocinando cerdo salado y col, hijo.
El Mayflower, como todos los barcos y casas de esa época, no tenía baños. Todos utilizaban pequeñas cubetas o iban a hacer sus necesidades en la parte de atrás del barco.

El barco tenía poca privacidad. La gente dormía en donde podía encontrar un lugar.
Buenas noches, niños.
Durante el viaje, Brewster dirigía a los Separatistas en las ceremonias de adoración y oración.
Ya estoy harto de estas personas religiosas.
Le rogamos a Dios que nos lleve con bien al Nuevo Mundo.
¡Amén!
¡Amén!

El buen clima no duró mucho. Cuando el Mayflower estaba aproximadamente a la mitad del Océano Atlántico, empezó la temporada de tormentas. Las tormentas azotaron durante días.
¡Aseguren las cuerdas!
¡Lleva a los niños abajo!
Los pasajeros se amontonaban en la cubierta inferior. Estaba oscuro y era incómodo. Mucha gente se enfermó.
No podemos vaciar las cubetas ni lavarnos.
El olor me está causando náuseas.
¿Acaso sobreviviremos este viaje?

llamado John Howland cayó al mar.
¡Agárrate de este gancho!
¡AYÚDENME!
Los marineros salvaron su vida.
Durante otra tormenta, una de las vigas principales del barco se arqueó y se rajó. Si la viga se rompía, el barco podía desbaratarse.
Este tornillo de hierro debería ayudar a aguantar la viga.
Después de que reparemos las fugas en la cubierta, el barco estará a salvo.

Después de 11 semanas en condiciones atestadas, todos estaban cansados y de muy mal humor.
Estoy harta de escuchar las maldiciones de esos marineros.
Esos Separatistas piensan que son mejores que nosotros.
Ya quiero regresar a Inglaterra.

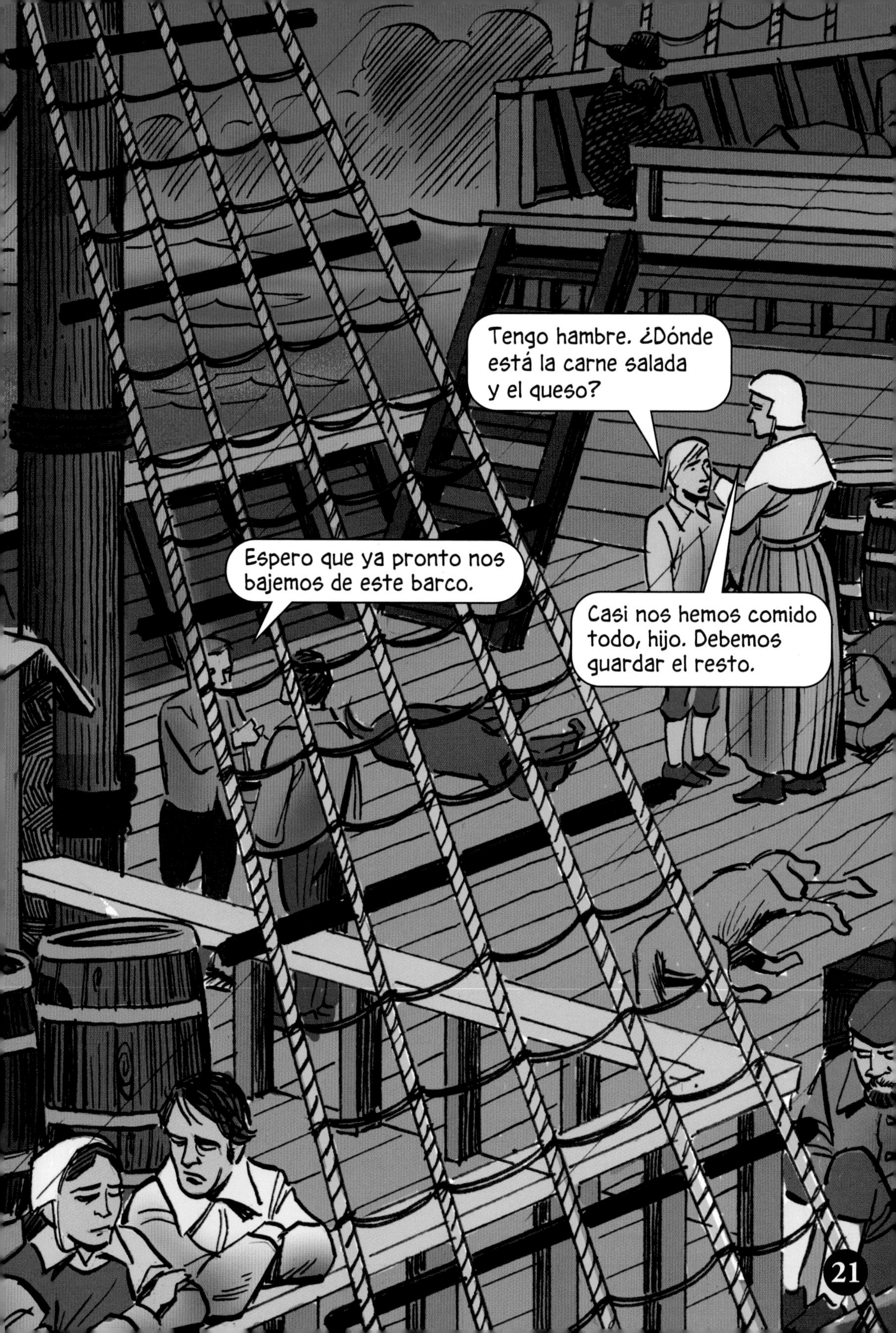
Tengo hambre. ¿Dónde está la carne salada y el queso?
Casi nos hemos comido todo, hijo. Debemos guardar el resto.
Espero que ya pronto nos bajemos de este barco.

CAPÍTULO 4
El Nuevo Mundo

Todos estaban ansiosos por bajar del barco, pero había un problema. Los Separatistas tenían un estatuto que les daba permiso de establecerse en Virginia, no en Massachusetts. Los Extraños querían irse por su lado.
El estatuto no aplica aquí. Nadie puede gobernarnos.
Cuando desembarquemos en tierra, utilizaremos nuestra propia libertad.
Si los Extraños nos abandonan, no sobreviviremos.
Y nunca podremos pagar nuestra deuda.
Debemos buscar una forma de mantener unido al grupo.
Los líderes Separatistas prepararon un acuerdo, conocido después como el Compacto del Mayflower. Establecía que los Separatistas y los Extraños se unirían para formar el gobierno de la colonia. Todos, excepto unos cuantos sirvientes, lo firmaron.

El largo viaje había terminado, pero los cansados pasajeros del Mayflower no tenían donde vivir. Miles Standish encabezó a un grupo de hombres a tierra para buscar un buen lugar para construir la colonia.
Buscaron durante días...
La cacería sería buena aquí.
Pero sería difícil despejar el bosque para el cultivo.
... y los días se convirtieron en semanas.
Debemos encontrar un lugar antes de que el clima empeore.

Finalmente, los hombres encontraron una aldea india abandonada cerca de Plymouth. Meses después, averiguaron que la mayoría de los indios habían muerto por una plaga.
Construyamos nuestra colonia aquí.
Podemos plantar estas semillas de maíz la próxima primavera.
La construcción comenzó el 25 de diciembre de 1620.
Está haciendo demasiado frío para trabajar aquí afuera.
Pero debemos construir las casas. La gente no se puede quedar en el barco hasta la primavera.
¡Achís!

Durante el invierno, mucha gente se enfermó gravemente.
Estás muy débil, amigo. Permíteme ayudarte.
Gracias, Miles. No olvidaré tu amabilidad.
Muchos de los enfermos fueron llevados a tierra.
Casi la mitad de nuestra gente ha muerto. ¿Cuándo se terminará esta enfermedad?

Casi la mitad de los colonos sobrevivieron el primer invierno. Construyeron más casas y se mudaron a ellas. En la primavera, conocieron a Squanto, un indio Wampanoag. Él hablaba inglés porque una vez había sido raptado por exploradores ingleses. Squanto ayudó a los colonizadores a sobrevivir en el nuevo territorio.
Si quieren sembrar maíz en esta tierra, deben fertilizar los campos con pescado.
La vida en este lugar quizás no sea tan mala después de todo.
En abril, el Mayflower y su tripulación zarparon de regreso a Inglaterra. Con la ayuda de Squanto, los colonos lograron tener una cosecha completa para el otoño. Celebraron con un festival que ahora conocemos como Acción de Gracias o *Thanksgiving*.

Más sobre El Mayflower

- Las personas del Mayflower no se llamaban a sí mismas peregrinos. William Bradford les dio este nombre por primera vez en su libro *Of Plymouth Plantation*. Bradford escribió estos hechos durante su vida, pero no fueron publicados sino hasta los años 1800.

- El Mayflower fue construido como un barco de carga. Antes de que transportara personas, fue utilizado para transportar vino y pieles.

- El Mayflower original ya no existe. Se cree que fue desmantelado y algunas de sus partes fueron utilizadas más tarde para construir el techo de un granero en Buckinghamshire, Inglaterra.

- William Mullins, un vendedor de zapatos y botas, trajo más de 250 zapatos y 13 pares de botas abordo del Mayflower. Esperaba poder vendérselos a los colonos.

- Un joven pasajero de nombre Francis Billington casi incendia el Mayflower. Disparó un mosquete dentro de una cabina cerca de un barril de pólvora que estaba abierto.

- Durante el viaje, Elizabeth Hopkins dio a luz a un niño. Lo llamó Oceanus porque nació en el océano.

- Muchos de los pasajeros del Mayflower se enfermaron terriblemente con mareos.

- Sólo una persona murió mientras el Mayflower estaba navegando. Fue un marinero que murió de enfermedad.

- Pasajeros a bordo del Mayflower:
  - 50 hombres
  - 19 mujeres
  - 14 adolescentes
  - 19 niños

- La edad promedio de los hombres en el Mayflower era 34 años.

Glosario

la carga—mercancía que es transportada por barco
el contrato—un acuerdo por escrito entre dos o más personas o grupos
el elder—término en inglés que define al líder de ciertos grupos religiosos que no es un pastor o un sacerdote
el estatuto—un documento que le da a un grupo, el derecho de crear una colonia en una determinada área de tierra y proporciona un gobierno
invencible—incapaz de ser vencido
el Nuevo Mundo—un término utilizado por los primeros colonizadores para referirse a Norteamérica
la plaga—una enfermedad grave que se propaga rápidamente a mucha gente y con frecuencia causa la muerte
el sabotaje—destruir a propósito una propiedad para detener una actividad

Sitios de Internet

FactHound proporciona una manera divertida y segura de encontrar sitios de Internet relacionados con este libro. Nuestro personal ha investigado todos los sitios de FactHound. Es posible que los sitios no estén en español.

Se hace así:

1. Visita *www.facthound.com*
2. Elige tu grado escolar.
3. Introduce este código especial **0736866132** para ver sitios apropiados según tu edad, o usa una palabra relacionada con este libro para hacer una búsqueda general.
4. Haz clic en el botón **Fetch It**.

¡FactHound buscará los mejores sitios para ti!

Leer más

Apel, Melanie Ann. *The Pilgrims.* Daily Life. San Diego: KidHaven Press, 2003.

Brooks, Phillip. *The Mayflower Compact.* We the People. Minneapolis: Compass Point Books, 2005.

Dell, Pamela. *The Plymouth Colony.* Let Freedom Ring. Mankato, Minn.: Capstone Press, 2004.

Hirschfelder, Arlene B. *Squanto: 1585?–1622.* American Indian Biographies. Mankato, Minn.: Blue Earth Books, 2004.

Plimoth Plantation. *Mayflower 1620: A New Look at a Pilgrim Voyage.* Washington, D.C.: National Geographic, 2003.

Bibiliografía

Bradford, William. *Of Plymouth Plantation.* New York: Alfred Knopf, 1952.

Caffrey, Kate. *The Mayflower.* New York: Stein and Day, 1974.

Deetz, James, and Patricia Scott Deetz. *The Times of Their Lives: Life, Love, and Death in Plymouth Colony.* New York: W.H. Freeman, 2000.

Dillon, Francis. *The Pilgrims.* Garden City, N. Y.: Doubleday, 1975.

Mourt, G. *Mourt's Relation: A Journal of the Pilgrims at Plymouth.* New York: Corinth Books, 1963.

Índice

Bradford, William, 6, 7, 10, 28
Brewster, William, 10, 17

Cabo Cod, Massachusetts, 22
Carver, John, 6, 7, 8, 10, 11
clima, 14, 18, 19, 24, 25
Colonia Plymouth, 25
comida, 10, 13, 16, 21, 25, 27
Compacto del Mayflower, 23
Cushman, Robert, 8, 10, 13

enfermedades, 18, 26, 29
estatuto, 23
Extraños, 9, 15, 23

Hopkins, Stephen, 9, 15
Howland, John, 19

Iglesia de Inglaterra, 4

Leiden, Holanda, 5

Mayflower, 9, 11, 13, 14, 15, 16, 22, 27, 28, 29
  condiciones abordo de, 16, 17, 18, 20, 21
  pasajeros, 14, 18, 24, 29

Nuevo Mundo, 9, 15, 17

Robinson, John, 5

Separatistas, 4, 5, 6, 7, 8, 9, 11, 14, 17, 20, 23
  razones para salir, 5, 6, 10
sirvientes, 15, 19, 23
Speedwell, 9, 11, 12, 13
  sabotaje de, 12
Squanto, 27
Standish, Miles, 15, 24, 25, 26

tornillo de hierro, 19

Virginia, 7, 9, 12, 13, 22, 23

Weston, Thomas, 8, 9, 11